Relámpagos y helechos

Relámpagos y helechos

Francisco Moulia

HOJAS DEL SUR

Buenos Aires

www.hojasdelsur.com

Relámpagos y helechos
Francisco Moulia

1a edición

Editorial Hojas del Sur S.A.

Albarellos 3016
Buenos Aires, C1419FSU, Argentina
e-mail: info@hojasdelsur.com
www.hojasdelsur.com

ISBN 978-987-8916-54-5

Dirección editorial: Andrés Mego
Edición: Paola Adler
Diagramación de portada e interior: Enfoque Editorial
Fotografía de tapa: @visualsofdusk (unsplash.com)

Moulia, Francisco
   Relámpagos y helechos / Francisco Moulia. - 1a ed. - Ciudad Autónoma de
Buenos Aires : Hojas del Sur, 2023.
   96 p. ; 23 x 14 cm.

   ISBN 978-987-8916-54-5

   1. Poesía Argentina. I. Título.
   CDD A861

Para comprender, me destruí.

Fernando Pessoa

Francisco Moulia es un poeta que escribe novelas. Las imágenes y el decir poético se cuelan en el tono de los diálogos de su narrativa, en las adjetivaciones precisas, en las descripciones o en el retrato de los personajes. Sus novelas están teñidas de poesía porque el verso y su cadencia, su música interna y su condensación estuvieron en los orígenes de la intuición escritural: Moulia es un novelista que siempre se supo un poeta. Ahora, ya con obra narrativa rodando caminos, en *Relámpagos y helechos* vienen finalmente a condensarse aquellas originarias intuiciones; también una práctica continuada, sostenida mientras cruzaba diversos horizontes temporales y geográficos: la pampa que es un viejo mar; el Canadá que es una sombra helada; las agotadas piedras europeas; las alturas redondeadas de los montes italianos. De todas esas rutas han ido quedando huellas en estos versos, por los que trasunta también una actitud frente al camino, tanto al geográfico como a aquel otro del que este es su avatar, el de la existencia con sentido.

La imagen que transmite ese cruce de caminos se alcanza equilibradamente en este libro: llana en el decir y honda en lo que evoca. Un cruce exquisito que tiende siempre a provocar una segunda lectura, buscando en esa rentrée el significado que se percibe, y el goce de encontrarlo. Todos estamos obligados a asumir el riesgo del tiempo y ese punto luminosamente oscuro adonde nos conduce, la diferencia está en hacerlo con elegancia y afecto, parece decir el poeta, salpicando los pasos de preguntas que pongan en evidencia lo que cada uno de esos pasos pisa en cada momento.

Francisco Moulia lo logra con una suave contundencia; estos poemas son una invitación a mirar de nuevo lo que hemos mirado tantas veces, pero que esta vez lo hagamos en amor y verdad, antes de que lo mirado se funda en las sombras *"de la que se alimentan / las larvas del olvido"*. Porque amar y no morir es un poco la misma cosa, y la vida pasa con la fugacidad de un relámpago, tan llena de dudas como los motivos fractales de los helechos.

Nelson Specchia

Relámpagos y helechos

biografía de una guerra

construyo mi enemigo
un ente que funcione como contrapeso
que le dé sentido
a esta angustia
esencial

a la vida hay que darle de comer
riesgo
todo el tiempo
para que no se aburra de habitarnos

construyo mi enemigo
como se construye un espantapájaros
con elementos que imitan el peligro
y con dedicación

a la vida hay que darle
tiempo, vértigo
hay que engañarla
con señuelos trágicos

construyo mi enemigo:
una bestia pública
que declama vidrio
capaz de un odio
tan completo como arbitrario

nadie quiere licuar su identidad
en esta rutina de ser

construyo mi vida
dándole de comer
la idea de una enemistad
épica:
huesos de una mitología
futura

el enemigo
es un espejo aberrante
pero en el que reconozco
la misma angustia mortal
que me fundó

nadie puede esquivar esa batalla intrínseca
que lo define

la muerte es mi espejo
yo soy mi enemigo
y el tiempo es tan solo
un riesgo que estoy
obligado a asumir

agujeros negros personales

cada tanto aparece
ese pozo en el esternón
que se traga
todo
que nos vuelve
el núcleo
del fin
de todo

se deshidrata
cualquier propósito
que nos justifique
y ahí o rellenamos con algo
o nos infectamos de
tiniebla

la muerte
es una diseñadora gráfica
implacable
nos da:
ruedas de bicicletas pinchadas
ataúdes de 45 cm
el otoño

tal vez no exista propósito que nos justifique

y ese pozo deshidratado

en el que late

nuestra fobia a la muerte

sea el hábitat natural

de una ausencia

que hay que polinizar cada día

con euforias

gratuitas

si todo esto es

una farsa predadora

no cambia nada

seguiré rellenándome

el esternón

de tiniebla eufórica

hasta fundirme

con esa sombra

paciente y definitiva

de la que se alimentan

las larvas del olvido

acústica

me siento en el piso
abro la puerta del lavarropas
meto la cabeza
hablo

hablo bastante
es casi una conversación
entre mi voz y otra,
metálica, severa

hablo de cualquier cosa
de las arcadas que le dan a mi gata
cuando traga alas de polilla
de que si hay vida en Marte,
seguro son chinos verdes;
de que el amor es propaganda o
un estornudo cósmico
que siembra el pubis de luciérnagas
que se electrocutan entre sí

le hablo al lavarropas
porque a veces la gente
me queda lejos

y porque mi voz
dentro
suena con esa impersonalidad
de la sabiduría

hablo para no quedarme callado
porque el silencio absorbe
seca
el silencio es una luciérnaga
al sol

hablo sin ver
con los párpados arrugados
y las pupilas llenas de colores

"el amor", digo, "el amor no es blanco, no limpia nada y
hasta donde sé, todavía no se hace en China;
el amor es frágil como alas de polilla,
impune como mi gata;
una explosión en el pubis de Marte:
ese silencio es

aunque lo más probable es que no exista,
el amor,
y haya que inventarlo todo el tiempo"

cierro la puerta del lavarropas

lavado: 60 minutos

secado: 35

fragmento amoroso I

éramos jóvenes
éramos pobres
hicimos un consolador
llenando un preservativo con agua
y dejándolo dos horas
en el freezer

éramos pobres
éramos ingenuos
le pusimos Marilyn
a tu pecho con
un lunar
a dos centímetros del pezón

éramos ingenuos
éramos libres
armábamos juegos
para tener sexo
y nos esforzábamos
por perder;
la derrota era dar
la victoria era recibir

sin saberlo
estábamos descifrando una lógica
indispensable

éramos libres
y esclavos de esa libertad

hoy
aunque no me odies
ni me ames
en esa foto líquida
que es el pasado
quedan los restos
de ese naufragio
en el que entendimos
la ambigüedad
de cualquier derrota

tremore

hace tres días que duermo vestido
la gente de acá dice que este aire
vidrioso, que cuaja la saliva
y enturbia las tramas del paisaje
es un presagio sísmico

la ciudad ya se derrumbó una vez
en 1915
y los días previos
dicen
fueron idénticos a estos:
sin pájaros en los árboles
y con vibraciones ambiguas
en las persianas

llevo tres días de un insomnio
crítico
abstraído en un diálogo frontal
con ese pedazo de techo
que puede caer sobre mí
en cualquier momento

sé que la amenaza es vaga
que la paranoia folclórica
de esta gente no es un indicador
relevante para la sismología
pero también sé
que a cada poema
estoy una palabra más cerca
de la muerte

quizás sea el momento
para arrepentirme de cosas
o para rezar
miro hacia arriba
si hay un dios
está ahí
pálido, insensible
concreto
y no hará nada
para prevenir
o causar
el derrumbe
en esta cama
o en otra

hace tres días que duermo vestido
los pájaros no volvieron
las persianas tiritan un suspenso
artificial

vestido hasta con zapatillas
para correr ante la primera cáscara
de techo
que me caiga en la frente

porque sé que voy a intentar salvarme
ahora y siempre
es algo instintivo
el cuerpo está condenado
a querer seguir viviendo
sin importar lo anecdótico
de esa existencia
que transporta

llegado el momento
en la cama que sea
no querré morir
aunque no tenga idea por qué

y caerán recuerdos
como escombros
estallarán contra mí
esos pájaros fugitivos
con sus alas de vidrio
y todas las persianas
y los techos
y los dioses cuajados
quedarán para siempre
suspendidos
en esta saliva
disecada
por el polvo

inaccesible

el límite
ese rayón volátil
donde termina una cosa y empieza otra
es miedo

el horizonte
ese límite óptico
que se mueve para atrás
con cada paso hacia delante
es el trazo vaginal
del único dios posible
que nos pare
yéndose

y en esta cesárea cósmica
en esta germinación
de carne y huecos
en esto, que es algo inalcanzable
viniéndonos a buscar,
todo es miedo
de una cosa perfecta
partida a la mitad

**una reflexión sobre el trabajo
que concluye en mi madre**

trabajo

la palabra

viene de una forma de tortura romana

tripalium: tres palos

la persona era atada a esa estructura con forma de asterisco

y se le daba

se le daba hasta que entendiera

tortura

la palabra

viene de torsión

retorcerse, atormentarse:

trabajar

el Toro de Falaris fue un instrumento de tortura

anterior a la implementación de Cristo

se trataba de una estatua hueca de bronce con forma de

toro

en la que se metía a la víctima

bajo la estatua se encendía una hoguera

el toro se enrojecía

de a poco empezaba a largar humo por la nariz
los alaridos de las víctimas
emulaban los mugidos del animal

torturar es, de alguna manera,
una forma de comunicación
y siempre el dolor fue el método más efectivo para
transmitir una idea
mi madre y su chancleta

dejaron constancia de eso en mí

torturar es, incluso, comunicar amor
de una manera agresiva
proteger tiránicamente a alguien
de su incómoda torpeza

pensémonos como obras
complejísimas obras de ingeniería biológica
de espantos intransferibles,
todos, todas, somos maquinarias de tortura
y hasta que vuelva a ponerse de moda lo medieval
torturar al prójimo no está bien visto
por eso nos conformamos con la autoflagelación
torturamos al todo por la parte

el mundo se merece nuestro dolor

lo cierto es que tenemos el cuerpo lleno de marcas
por nuestras venas corre todo tipo de porquerías
quién no lleva un apocalipsis, personal y exclusivo, dentro
todas, todos queremos educar al mundo respecto de
posibles tragedias
por ejemplo ser nosotros

a veces extraño la chancleta de mi madre
ese cachetazo medieval
que me dejaba ardiendo la cara por media hora
en ese momento la odiaba
a ella y a su chancleta
hoy no
extraño que alguien se arriesgue a ser odiado
para protegerme de mí

nueces

de alguna forma
quedé sentado
bajo un nogal
en noviembre

empecé a romper
cáscaras
y a moler
fruto

un proceso custodiado por
el perfume de la destrucción
pulgas mentales
y viento,
excitándolo todo

me quedé un rato así
rumiando esquirlas de nuez
mientras el paisaje
se despeinaba

noviembre tiene esa hormona punk
que anarquiza el viento
y hace reventar
cualquier ambición de
prolijidad

¿qué tiene de poético comer nueces?
no mucho
salvo una textura de puré de madera
metiéndose entre los dientes

cualquier cosa
que imite
la sensación
de estar masticando
un destino rectangular
sellado
bajo tierra
ese aliento a miedo de nogal
es poesía

¡bum! ¡pum! ¡paf!

supongamos que primero hubo un silencio
gris
seguido de una explosión
también gris
después se dio todo demasiado rápido:
dioses transparentes, tapices microbianos, el amor

podemos pensar también que algún día
habrá otra explosión
gris
seguida de un silencio
embarazado de huesos

lo que está
en el medio
la vida, digo
todavía no sabemos bien para qué se usa
suponiendo que sirva
para algo

en este paseo entre explosiones
en los pigmentos flúo
de dioses microbianos
ahora y acá
en la ignorancia del propósito
todo debería cobrar sentido
también suponiendo
que haya uno

como cualquier acontecimiento ornamental
la vida tiene una función:
darle de comer al vacío

el amor, traslúcido hasta la inexistencia,
es cartomagia fulminante
diseñada por la mano que compuso este desastre
gris
suponiendo que haya un compositor
y que, encima,
tenga mano

en esta obra en movimiento,
nosotros
tratando de hacer algo
sin saber para qué,

hay una única certeza

que infla los intestinos de la galaxia,

los sexos traslúcidos de dioses improbables,

las pupilas de los gatos:

la certeza de que todo

es gris

verdad,

mentira, amor,

mi gata, el diez de copas, sangre,

tiempo

todo es la duda perfecta

todo es una ballena embarazada de un elefante embarazado

de un mundo hinchado de elefantes embarazados de

ballenas

todo

es demasiado gris

y, fundamentalmente,

suponiendo que haya

un fundamento:

todo

es demasiado

radiografía líquida o el té de mí

no encuentro las llaves
¿o se derritieron?
se derritieron

la vulva seca y ácida
de la puerta
enlaza mi ojo con lo exterior:
perfume de salsas,
música de escaleras,
otras puertas

busco en la bolsa de basura algo que se parezca a miel de
llaves:
cáscaras, ceniza, la parte de un broche roto, el nombre
de una compañera de trabajo de mi hermana donde
germinaron hongos sensuales mientras buscaba las llaves

se me hace tarde y una canilla gotea
el tiempo no necesita intérpretes
y esa canilla gotea

le pido por favor que deje de hacerlo,
que no me obligue a...
le doy un cachetazo

sí, la mano me late y el goteo se intensifica
pero lo que más me duele es la espalda
la había olvidado

no encuentro mi espalda

se robó mis llaves

cabezazo a la canilla

me inundo

fragmento amoroso II

"es que me da cosa, estás tan solo"
soltaste
cuando te dije
que mejor
no siguiéramos

me conmovió
cómo contrajiste
abdominales, labios, ano
para licuar tu mirada
en una promesa de llanto
que nunca llegó

me abrazaste
me acariciaste la espalda
y pude sentir esa tierna
amargura con la que se despide
un proyecto difunto

pasaron diez años de esto

hace poco vi que tenés tres hijos,

perro,

y un marido calvo

que sale en todas las fotos de cumpleaños

con pelucas de cotillón

mejor así:

cada cual con sus formas de soledad

otra forma de optimismo

todas las noches
salgo al balcón
apoyo los antebrazos en la baranda
miro al cielo
busco
un punto ajeno al sistema
algún destello anómalo
algo
que anuncie ese piedrazo cósmico
que nos borrará

no espero la catástrofe
porque creo que la merezcamos
(aunque nos la merecemos)
ni porque considere que ya está todo perdido
(aunque lo está)
ni siquiera por esta vertiginosa decadencia humana
(cada noche más pública)

no,
deseo esa masacre aplastante
porque entiendo que la armonía del universo

es autárquica
quizás tirana en su lógica disciplinaria
pero justa

imposible no darse cuenta
de que somos una incomodidad estética
y viral
en el diseño solemne de la galaxia

nuestra persecución de la belleza
en los cuerpos, en las palabras
no es más que una estrategia desesperada
para amenizar la fugacidad obligatoria
de lo intrascendente

todas las noches
salgo al balcón
apoyo los antebrazos en la baranda
y antes de examinar el cielo
miro el celular
busco
una imagen, una línea
algo
que no me haga desear ese piedrazo cósmico

solo palabras y cuerpos
trabajados bajo la estética del efecto
recaudando esa aprobación
que nos convenza
de que nuestra presencia
aporta algo

cada noche, cada segundo
se consolida más
la necesidad de la devastación
de esta belleza
parasitaria
e inútil

cuestión de piel

todo es piel
empezando por este trazo elástico
que contiene la ansiedad
que somos por dentro

también el deseo
de inseminar espacios
anónimos
es piel

el aire
quizás sea
la piel
de una fatalidad
que se esculpe
en nosotros

pero más que nada
es excitación
la piel
mentes desnudas

eyaculando una galaxia
de fantasmas
que se enganchan
en las pestañas
del presagio
de que la biología
puede ser
cine
pero puede ser
una pantalla en negro
también

lo que no eriza
lo que no lastima
eso que pasa fuera
del radar sensual
de la piel
no importa

hay una pornografía de la
inexistencia
en el futuro
despellejado

la rugosidad de las lenguas
tanteando estrías
de sexos fundacionales
barnizados por la sangre
transparente
de fantasmas
molidos y menstruados;
en ese paisaje ácido
hay una reunión
que sabe y huele a vida

acá nomás
en el perímetro
de nuestros cuerpos
hay otros perímetros
de otros cuerpos
¿de qué va
el núcleo que empuja
ese abismo empaquetado de enfrente?

se insinúa
en las cosquillas de oxígeno
que impulsan nuestros ojos

cada vez

que nos miramos

con ganas de amar

o de no morir

que es

un poco

la misma cosa

suspiro I

qué templo falso, el cuerpo, eh
qué fatalidad
este envase
que dura menos que el plástico

una tragedia, este tupper de persona

y qué humillación
cómo se arruga, cómo falla
cómo se pudre y muere con nosotros dentro

la vida es el tiempo
que tardamos en entender
que no hay a quién ir a reclamar

pegados a la seda del ego

una telaraña puede resistir

el peso de un piano

pero una araña

no puede tocar el piano

porque su peso no alcanza

para ganarle a la resistencia de las teclas

una telaraña puede detener

en seco

un Boeing 747

pero una araña

no puede pilotear un avión

entre otras cosas

porque está ocupada

tejiendo

las arañas

saben

que su poder

radica en su obra

ojalá

se pusieran a escribir

inconsistencias

por momentos falla
esa motivación vital
que te impulsa
a transitar el día
como si hubiera
una finalidad
superior
encubierta en esta
arbitraria costumbre
de ser

falla la metafísica urgente
que necesitás
para enfrentarte a ese espejo
en el que habita la imagen
de una muerte
ya sucedida
en un futuro
cualquiera

te descubrís
mucho más mortal
y decorativo

ante el mínimo
cuestionamiento
de tu pertinencia

porque la humanidad
es el principal argumento
contra la humanidad
y, por momentos,
esta transición
parece de un vacío a otro

pero, bueno,
son pozos excepcionales
la mayor parte del tiempo
la vida ofrece ese esplendor
de lo posible
y conviene reconocerla
como lo que es:
un pacto forzoso
con la incertidumbre

fragmento amoroso III

te mentí
miento bastante
estoy tranquilo con eso

te dije
que había perdido la virginidad a los doce
que había intentado suicidarme a los dieciséis
y que amarte era solo comparable
con un cuarto de helado de chocolate
blanco

te mentí
siempre fui menos que la narrativa de mí mismo
y eso
aunque parezca triste
es lo que me mantiene vivo

mamá, papá, voy a poner una PyME

si le preguntamos a un soldado
qué es lo más importante
dirá: medias secas

si le preguntamos a un fabricante de armas
dirá: un conflicto armado

al dueño de una empresa de ataúdes
dirá: soldados

si se cae un árbol y no hay nadie en el bosque
hace ruido
pensar lo contrario
es narcisista

la gallina o el huevo:
el huevo

el huevo o dios:
el huevo

dios o la gallina:
el ruido del árbol

si le preguntamos a un cocinero
qué es lo más importante para preparar una tortilla de
papas
dirá: no cuestionarse en absoluto la existencia de los
ingredientes
–en particular la de los huevos–
ni su procedencia cósmica o religiosa

la biología es un sistema perfecto
hasta que se encuentra con una bala

en un conflicto armado hay un plan
las biologías camufladas de patria
son pérdidas necesarias

fabricar ataúdes es el negocio

los árboles son buenos para eso
el ruido de la caída
no hace ninguna diferencia
en el precio final del ataúd

por otro lado, las balas y los huevos se parecen
fijan puntos de inserción en el tejido temporal del cosmos
no son elementos típicamente religiosos
aunque la tortilla de papas es aceptada por todos los dioses
y las balas perforan cascos biológicos
sin distinción de creencia

ataúdes... ¡cómo no se me ocurrió antes!
El negocio

la muerte es dinero
el tiempo
es la publicidad de la muerte

esa inevitable acrobacia

una cría de torcaza
lleva dos días
usando mi balcón
para aprender a volar

las pecas de sangre en la ventana
narran su urgencia

podría contarte
cosas sobre vos
que no sabés
pero te hablo
de una cría de torcaza
que se rompe
creciendo

por qué

nuestra definición
se completa
siempre
en otro lado

eso que alteraste
en mí
podría contarte

hay una percusión vital
en el pecho de la torcaza

hay astillas
en las alas,
sangre
conjugando plumas

hay un paisaje urgente
en mi balcón
que narra las heridas
obligatorias
de cualquier deseo

me astillaste
podría decir

pero prefiero hablarte
de esta cría de torcaza
que en cualquier momento
hará ese salto definitivo
hacia la libertad
o el pavimento

como sea
no volverá

poema anatómico

el cuerpo

como un territorio

imperativo,

una funda agujereada

o como ese trampolín

en el que rebotamos

una vida

hasta lanzarnos sin convicción

a un enigma ciego

el cuerpo también

como una portada

un hábito

o pulpa de una cartografía

en la que el tiempo

va delineando sombras

fatales

y el cuerpo como un accesorio

una coreografía tóxica

o como un entramado de pliegues

donde el infinito
se reforma
en perfume negro

por qué no el cuerpo
como una guerra sensual
contra la inadvertencia
y como mercantilismo vago
y cáscara

pero sobre todo
el cuerpo como plataforma
de todo poema
como digitación atormentada
de una realidad
en la que coexisten
evidencias abrumadoras
como el hecho de que la biología
se pudre antes que nuestras ganas
de vivir
y que el amor es
en definitiva
un reflejo emotivo
de subsistencia

tres pelos blancos en la barba

tres pelos blancos en la barba:
una triste novedad
que se me plantó
en el primer espejo del día
con esa prepotencia solemne
que tiene el tiempo
para exhibirse
en las facciones
de lo perecedero

no uno: tres
y de un blanco agresivo
o por lo menos con un brillo publicitario
que la mortalidad no necesita

tres pelos blancos en la barba
que advierten lo irreversible:
la despigmentación
de esta tinta
con la que escribo
una biografía cada vez
más errática

tres pelos blancos en la barba

no son una tragedia

lo sé

tampoco los tentáculos de una madurez

que busca emerger

mucho menos la excusa

para un poema

los primeros tres pelos blancos

que son más como un aviso

de que todo está yendo irremediablemente

hacia un vacío incoloro

y solo nos queda

avanzar hacia esa transparencia

dejando rastro

el muerto

tres bocinazos salvajes:
"¡dale que él no llega tarde a ningún lado
pero yo sí!"

un taxista,
con medio cuerpo asomado por la ventanilla,
le grita al del coche fúnebre
que va delante
con esa elegancia melancólica
plagiada de los caracoles

yo estoy en el balcón
regadera en mano
observando cómo el taxi
se interpone entre el muerto
y su caravana
cortando ese perezoso flujo
de tristeza
con un argumento tan antipático
como irrefutable

"dale que él no llega tarde a ningún lado
pero yo sí"

pienso en el tipo que maneja el coche fúnebre
pienso en los que van atrás del taxi
no solo en los que visten de negro
incluso, en los otros, en los que van atrás de ellos
que, envalentonados por los bocinazos del taxista,
también empiezan a protestar
algún día van a viajar así
distendidos como nunca
sin llegar tarde a ningún lado

y pienso en mí
la urgencia económica del taxista
me obliga a meterme dentro de ese cajón
y entender:
que la solemnidad
estorba
y que es inútil pasear dolor
a quince kilómetros por hora
por una ciudad tan febril
y convulsa como esta

quizás
mi única urgencia
sea no llegar a ese paseo
con cosas por decir

bailemos

miro para abajo:
nubes

destiño un infierno blanco
que se me enrosca
en los tobillos

no

es este río
que hoy refleja
sin moderación
y duplica un cielo
que amputa
piernas

pasa un barco
el infierno de nubes
escala

el otro día leí que
toda marea es responsabilidad
de la interacción
entre las fuerzas gravitacionales
de dos cuerpos

vine al río
a ver si se me limpiaban
algunos errores
y termino acogotado
por un enjambre de nubes líquidas

encima está el tiempo
música cardíaca
de una persecución
en la que muere
la película

me consuela pensar
que los errores
amputan la versión ideal
de las cosas
y dejan espacio
para que lo posible
se manifieste

no sé qué hacer con esto
con lo posible, digo

capaz mi propósito
se reduzca a revelarme
defectuoso
errante
ingrávido

y que el vals trágico
del tiempo
me lleve
donde quiera

el acorazado

empezó por las rodillas y los codos
la piel se me secó
me fui endureciendo
hasta volverme costra

metro setenta y nueve
ochenta y cinco kilos
lágrimas
de costra

hubo algo
una imagen, un golpe
no sé qué fue
ni cuándo
pero quedé atrapado
en este blindaje
de cuero y rencor

perdí la temperatura de las cosas
perdí

también hubo una remera
blanca, lisa

era mi pijama, mi uniforme escolar, mi traje de fiesta
era piel para mí
los lavados
la fueron curtiendo,
hasta que se le armó un agujero
en la axila izquierda

antes no lo sabía
ahora sí
el tiempo desgarra
y pare abismos
de los agujeros

esa fuerza
divina, siniestra,
hembra y macho y teórica:
el tiempo
que hizo de mi remera
un trapo
también me atrofió

hace rato
no se me clava nada
la vida me aúlla
y las púas de esa voz
se cristalizan

y se unen
a la costra
que me protege
y aísla de todo
de lo que lastima
y de lo que salva

hubo algo
una imagen, un golpe
el tiempo
hizo de mí esta coraza
cada vez más arrugada y rígida
que me comprime
me asfixia
y de la que solo puedo salir
con palabras

fragmento amoroso IV

fuimos un error
pero de eso también
come el tiempo

polifonía mineral

elijo las piedras por su forma

la mano las examina

y al hacerlo

inscribe restos de tejido,

pulso,

radiación en ellas

es imposible golpear al río

en el mismo lugar

por eso no lo intento

me conformo

con alterar los reflejos

animarlos

para que su distorsión

alcance la otra orilla

la música transparente de una piedra

al penetrar en el río

está determinada por una combinación

de accidentes:

caudal y profundidad del río,

el peso, la forma y la textura de la piedra,

la distancia desde la que es arrojada,

la parábola,

el viento,

el ángulo de penetración,

el motivo –casi siempre lúdico–

que el tirador le da al hecho

la nota resultante

será siempre otra

será la nota

que quiera ser

mientras mi reflejo

se expande

lento, sinuoso

por esa piedra

que deja

en el pentagrama

del río

una distorsión

irrepetible

poema 26 o tronador

algo explota ahí arriba
y es como si nada

muy peligroso esto
de acostumbrarse
a la devaluación
del misterio

truena
y nos conformamos
con la teoría:
un relato insulso
de termodinámica
que pretende ser
la autopsia
de una protesta
mítica

hablo de los truenos
pero podría estar hablando
del motivo fractal de los helechos
o de las pestañas de la muerte

solo hay dudas
brillantes
y ruidosas

por eso
hay que desconfiar de los proveedores
de certezas
están haciendo su negocio

por mi parte
no creo que exista
otra posibilidad
que habitar la sospecha

y aceptar
que la vida
a lo mejor es
una tormenta de preguntas
y no mucho más

estudio poético sobre antropofagia
contemporánea

el caníbal no come fruta de postre
el caníbal mastica, traga y asume las aptitudes de la víctima
el caníbal es bueno y comprensivo
las frutas son para los demás
para que sus músculos y órganos estén limpios, frescos

una persona produce y acumula energía mientras vive
esa energía puede ser usada por otro para expandir la
conciencia
el canibalismo empieza y termina en la mente

primero consumo tu personalidad
después tu cuerpo
y me expando

los korowai son una de las últimas tribus caníbales sinceras
que quedan
comen todo el cuerpo excepto las uñas, los huesos y el pene
el korowai que está por morir delata a su brujo asesino
básicamente cualquiera de la tribu que le caiga mal
el resto va, lo acribilla a flechazos y se lo come

si el plato es hombre

su pene se usa como picaporte de alguna choza

el que tiene el picaporte más grande

no gana nada

solo encuentra mejor la entrada a su casa en la oscuridad

el término caníbal es una deformación de la palabra caribe

que significaba "comedores de carne humana"

para los españoles

y "audaz" para los propios caribe

un viejo proverbio antillano dice:

"la civilización es un canibalismo cobarde"

el canibalismo es una política individual que busca el

equilibrio de la especie:

yo te como para que vos no tengas hambre

ser caníbal

no pasó de moda

tal vez algunos de nosotros fuimos muy rápido

una casa en la montaña

tiene una casa en la montaña

nada sofisticado:

techo de chapa,

paredes revocadas para ocultar las caries del ladrillo

piso de cancha de paddle

como toda construcción

es un rejunte de circunstancias:

lo que se pudo con lo que se tenía

su casa

está envuelta en enredaderas:

una trama verde

colonizada por arañas de una obesidad

extravagante

cruza de tacho de basura de peluquería

y mano de ex basquetbolista

la montaña está ahí

estampada en el paisaje

con ese mutismo severo

que persiste

después de todo accidente

él va cada tanto
y se queda mirando a través de las rejas violetas
de la ventana
la fase eterna
en la que el paisaje
simula estar detenido

su casa en la montaña
es lo que pudo con lo que tenía
y eso
eso es mucho más severo y existente
que la trama pegajosa de las ideas
en la que tantas veces queda
enredado

estas arañas
ideales
seguirán engordando
como engordan los fetos del espanto social
hinchándose de aspiraciones incompletas

la única realidad posible
él lo sabe
surge de lo que se puede con lo que se tiene
cualquier otro proyecto
nace en ruinas

perspectivas

abro la ventana
exhalo vapor
de café

enfrente
un viejo se ayuda a soportar el peso de su bufanda
clavando el bastón en el centro de las baldosas

son las ocho de la mañana
de un domingo
nublado

con la uña
me arranco esa costra
de sueño
que me acaba de apuñalar
el ojo

larvas de viento
en las cortinas,
en las hojas,

aferrándose
solo a lo que pueden
conmover

en el piso de arriba
están cogiendo,
por el chirrido de la cama
de una forma
perezosa y otoñal

en otros ambientes
alguien estará metiendo
botines en un bolso,
alguien estará soñando con
ladrillos ecológicos hechos de lagañas,
alguien estará leyendo el diario
en la cama
negando que la persona que tiene
acostada al lado
está muerta

hace frío
quizás llueva

no diría que la lluvia
los domingos
hace barro de la nostalgia
ni que hoy, domingo,
las irregularidades
de las lagañas
son más puntiagudas

sí creo que hay contextos
que benefician a la poesía
y que no detenerse en ellos
es arriesgado

sin hacer poesía de la realidad
nos espera la peor de las muertes:
una sin asombro

ese otro momento

ese momento
en que las sombras
de la casa
se expanden
hasta encerrarte
en el territorio
inmediato
del cuerpo

la sustancia de la noche
avanza con una discreción
predadora
y te convierte
en parte de un
anonimato
ciego

casa, noche y cuerpo
licuados
en ese momento
en que comprendés
que tu mirada es más negra

que los contornos y el corazón de las cosas

y que no hay oscuridades definitivas:

solo temor inútil

frente a este compromiso mortal

que te parió

perturbación de la gravedad

rotar sobre el propio eje
hasta desmoronarse
hasta perder los contornos
y vomitar esa cosmografía
de aspiraciones implantadas

desconfiar de todo:
de la arquitectura desapasionada del cosmos
del sensacionalismo de la dictadura zodiacal
incluso de ese vacío
que empuja hacia dentro
muelas y costillas
cada vez que recordamos
que estamos incubando
nuestra propia ausencia

reconocer en la luna
un milagro albino
que nos revela
que somos un eco de luz
difuminándose

giramos en torno
a una alucinación colectiva,
bailamos alrededor
de un fuego virtual
buscando el mito,
ignoramos que
el molde de hoy
es la risa del futuro
y del pasado

hay una pereza muy riesgosa
en cómo nos dejamos absorber
por la publicidad de los demás

reconocer el eje propio
para no perder
la órbita del puro deseo:
única identidad posible

desconcierto

a Darío Barozzi

el optimista sabe
que posa
que mira hacia delante
forzando una sonrisa idiota
y contemporánea
como si el futuro
fuera una cámara
sostenida por él
y en esa mueca
de contemporaneidad e idiotez
tratara
de convencernos
de que no se está
autoestafando

pura religión
puro rodeo
a un presente
que irradia
decadencia
para atrás y para delante

el optimista lo sabe
y posa
para el dios
de una prosperidad
inverosímil

pero quiero ser optimista
voy a serlo:

toda vida merece
ser vivida hasta el final
todo amor necesita
un final acorde a su optimismo
y todo acorde
requiere ser
interpretado
hasta la abstracción divina
que representa

música,
la madre inventada
de todas las lenguas
y si algún dios no la entiende, que se joda
no hay optimismo sin música
como no hay amor
sin tragedia

llevamos un mundo
tratando de que comunicarnos
con algo que nos sobreviva
vaciándonos de sangre
de esa música líquida
que se seca
en la partitura fatal
del tiempo

¿y si no existe ningún dios?
¿y si armamos toda
esta plegaria optimista y melodiosa
para rellenar
como a una muela rota
este abismo vital?

no importa
ser un verdadero optimista
radica en bailar
a ciegas
desprestigiando
a esos dioses
que pudieron existir
y no se animaron

voy a ser optimista
quiero serlo

hasta que el pantano
no sea belleza
esa flor que crece
será un error
de perspectiva

observatorio

siento una resina espesa
oscura,
¿dulce?
se arrastra por dentro
cae desde el trópico
de mis ojos
como una brea mental
sobre la lengua
y trago el dulce espanto
del silencio

las ideas
a veces pasan a la sangre
la calientan
la ensucian
y fluye lento
ese extracto de mirada
corrompido por la indiferencia

eso que veo

se funde en un vacío

que me repta, me infla

que presiona por salir

pero que contengo

para no infectar todo eso que vi

de proverbios

que cancelarían el mundo

veo una plaga

aturdida en su aceleración

irreversible

hacia la muerte

veo también

la prescripción del amor

como la coartada

que justifica nuestra

presencia

mirar a la gente

me nutre de esta peste líquida

que proclama la extinción

como la única dignidad posible

antes escribía para perdurar

ahora, viéndonos,

escribo más que nada

para distraerme

de ese futuro

urgente

en el que las cenizas de lo escrito

recubran los huesos

de este linaje

desperdiciado

y el amor...
el amor quedará para
los próximos dinosaurios

ÍNDICE

Esperamos que este libro
haya sido de su agrado.
Para información o comentarios,
contáctenos en la dirección
que aparece debajo.

Muchas gracias.

www.hojasdelsur.com